Österreich lieben lernen

Entdecken Sie das Land und die schönsten Urlaubsorte, um Ihren nächsten Urlaub perfekt zu planen

Michael Gruber

INHALT

Das erwartet Sie in diesem Ratgeber

Sie planen den nächsten Urlaub, wissen aber noch nicht, wohin Sie reisen möchten? Ganz egal, ob Sie sich nur über das vielfältige Urlaubsland Österreich informieren und die Möglichkeiten eines Urlaubs ausloten möchten oder ob Sie schon wissen, dass Sie auf jeden Fall den nächsten Urlaub in Österreich verbringen möchten, aber noch Anregungen und Tipps brauchen, wohin genau Sie fahren möchten – mit dem Kauf dieses Ratgebers werden Ihnen viele Fragezeichen genommen. Hier erfahren Sie zunächst etwas über die Entstehung der Alpen, da die Alpen für Österreich in vielerlei Hinsicht prägend sind.

Ich stelle Ihnen anschließend das Land Österreich anhand einiger geografischer Daten und Kennzahlen sowie die klimatischen Bedingungen des Landes vor. Im nächsten Block werde ich die Frage beantworten, was genau für einen Urlaub in Österreich spricht, und auch schon die vielfältigen Möglichkeiten kurz ansprechen, die ein Urlaub in Österreich bietet.

Abschließend stelle ich Ihnen einige wunderschöne Urlaubsorte und -regionen Österreichs alphabetisch sortiert vor. Die meisten der beschriebenen Orte und Regionen wurden von mir bereits (mehrfach) bereist. Mit dabei sind u. a. die Stadt, die mehrfach zur lebenswertesten Stadt der Welt gewählt wurde, der mit 28 bis 29 Grad wärmste Badesee Österreichs, eine österreichische Exklave, die größte Naturschutzzone Mitteleuropas, das höchstgelegene Bergrestaurant der ganzen Alpen und der größte Wasserfall des Landes. Na, neugierig geworden?

Dann wünsche ich Ihnen jetzt viel Spaß beim Lesen und hoffe, Ihnen ein besseres und genaueres Bild vom vielfältigen Urlaubsland Österreich zu erzeugen. Österreich ist reich an Naturjuwelen, die nur darauf warten, von Ihnen entdeckt zu werden. Wen einmal die Leidenschaft für dieses wundervolle Land gepackt hat, der wird dort auch immer wieder hinfahren wollen – ganz bestimmt.

Das ist Österreich

ÖSTERREICH – DIE ALPENREPUBLIK. ABER WIE HABEN SICH DIE ALPEN ÜBERHAUPT GEBILDET?

Wenn man über Österreich spricht, spricht man eigentlich automatisch auch über die Alpen, Europas größtes Gebirge. Immerhin umfassen die Alpen 65 % der Gesamtfläche Österreichs. Aber wie sind die Alpen überhaupt entstanden? Um diese Frage zu beantworten, müssen wir ein paar Jahre zurückblicken – etwa 50 Millionen Jahre.

Mit Pangäa existierte vor ungefähr 300 Millionen Jahren nur ein einziger riesiger Kontinent, der umrahmt von einem riesigen Ozean war. Dieser Urkontinent Pangäa bewegte sich und zerbrach vor ca. 170

Millionen Jahren. Die Bruchstellen der einzelnen Land-
massen hatten damals schon gewisse Ähnlichkeiten
mit unseren heutigen Kontinenten. Vereinfacht darge-
stellt, besteht die komplette Erdkruste aus kilometerdi-
cken Platten. Diese Platten sind dauernd in Bewegung
und „reiben" sich an anderen Platten. Durch die fort-
laufende Bewegung der Erdplatten (Plattentektonik)
hat sich das Erscheinungsbild der ganzen Erde immer
wieder verändert.

Vor 95 Millionen Jahr stieß, nachdem sie vorher
Millionen von Jahren auseinandergedriftet waren, die
afrikanische auf die europäische Platte. Dabei schob
sich die afrikanische über die europäische Platte. Die
Erdkruste ist vor 70 bis 40 Millionen Jahren im Bereich
der Alpen, durch die voranschreitende Aufschiebung,
doppelt so dick geworden als sie vorher war. Die verschiedenen Gesteinsschichten sind ähnlich wie ein Sta-
pel Karten übereinander geschichtet.

In der Folge wurden auf dem Gebiet, wo sich heute
die Alpen befinden, die Ränder der europäischen und
der afrikanischen Platte aufgefaltet. Wie Dachziegel
stapelten sich die unterschiedlichen Gesteinsmassen
übereinander. Dieser Prozess ging vor ungefähr 25 Millionen Jahren vonstatten. Diese Gesteinsmassen werden auch Sedimentgestein genannt. Sedimentgestein

bildet sich durch die gegensätzlichen Bewegungen der Kontinentalplatten unter hohem Druck. Noch heute kann man anhand von Sedimentgestein ganz genau den Prozess von vor ungefähr 25 Millionen begutachten, wie sich die Gesteinsmassen damals in- und übereinander geschoben haben.

Seit ihrer Ausbildung sind die Alpen stetig weiter gewachsen. Die Alpen wachsen noch heute jedes Jahr um mehrere Millimeter an, da sich die afrikanische Platte nach wie vor mit einer Geschwindigkeit von 5 Zentimetern pro Jahr in Richtung Norden bewegt. Auswirkungen dieser Erdkrustenbewegung sind u. a. auch die immer wieder auftretenden Erdbeben in der Zone vom Balkan über Norditalien bis nach Frankreich oder die Aktivität des Vulkans Ätna auf Sizilien.

Die Eiszeiten übten den größten Einfluss auf das heutige Landschaftsbild der Alpen aus: Täler wurden durch das Abschmelzen der Gletscher ausgeschürft. Das heutige Erscheinungsbild der Alpen entstand durch Erosionen, damit bezeichnet man die Abtragung von Gestein. Die Form, in der uns die Alpen heutzutage erscheinen, erhielten sie durch Erosionen (Abtragung von Gestein). Vor allem die eben genannten Gletscher, aber auch andere Natureinflüsse wie Wind, Eis und Schnee, Regen und Flussläufe „nagen" seit jeher an den

Bergen. Von den Felswänden und Berghängen stürzt täglich Gestein hinab. Die Alpen wären heute mehrere Kilometer höher, würde es keine Erosionen geben.

GEOGRAFISCHE DATEN UND KENNZAHLEN

Österreich ist ein Binnenstaat in Mitteleuropa und Mitgliedsstaat der Europäischen Union. Die gültige Währung ist der Euro. Es gibt politische Grenzen zu Deutschland im Westen und Norden, zu Tschechien im Norden, zu Ungarn und der Slowakei im Osten, zu Slowenien und Italien im Süden und zu Liechtenstein und der Schweiz im Westen. Die Gesamtfläche Österreichs umfasst knapp 84.000 Quadratkilometer. Österreich ist unterteilt in 9 Bundesländer: Vorarlberg, Tirol, Salzburger Land, Steiermark, Kärnten, Burgenland, Oberösterreich, Niederösterreich und Wien.

Das Bundesland Wien ist gleichzeitig auch die Hauptstadt Österreichs und mit knapp 2 Millionen Einwohnern die mit Abstand bevölkerungsstärkste Stadt Österreichs. Weitere Bevölkerungszentren sind Graz (ca. 450.000 Einwohner), Innsbruck (ca. 310.000 Einwohner), Linz (ca. 200.000 Einwohner) und Salzburg (ca. 150.000 Einwohner). Diese 5 Städte machen ein

Drittel der Gesamtbevölkerung (knapp 9 Millionen Einwohner) Österreichs aus. Dies ist nicht verwunderlich, wenn man sich vor Augen führt, dass etwa 65 %, also 2 Drittel, der Gesamtfläche Österreichs aus alpinem Hochgebirge bestehen. Die durchschnittliche Landeshöhe beträgt 910 Meter über dem Meeresspiegel. Der niedrigste Punkt liegt mit 113 Metern über dem Meeresspiegel am Neusiedler See im Osten. Der höchste Gipfel Österreichs ist der Großglockner im Nationalpark Hohe Tauern. Er ist 3.798 Meter hoch. Insgesamt gibt es in Österreich knapp 1.000 Berggipfel, die höher als 3.000 Meter sind.

DAS KLIMA IN ÖSTERREICH

In Österreich herrscht grundsätzlich ein kühl gemäßigtes bis warmes Klima. Da Österreich sehr zentral in Europa liegt, fällt es in einen Übergangsbereich vom atlantischen Klima im Westen zum kontinentalen Klima im Osten. Das atlantische Klima steht für moderate Temperaturunterschiede im Jahresverlauf (relativ milde Winter und kühle Sommer) mit relativ hohen Niederschlagsmengen. Das kontinentale Klima dagegen steht für starke Temperaturunterschiede im Jahresverlauf (kalte Winter und heiße Sommer). Hinzu kommt, dass das Klima im Süden Österreichs durch niederschlagsreiche Tiefdruckgebiete im Mittelmeerraum beeinflusst wird. Soviel zur Theorie.

Praktisch beeinflussen aber die Alpen das Klima in Österreich ganz erheblich. Allein durch die Höhenlage, bedingt durch die Alpen, im Westen ist die Aussage, dass der Westen milde Winter hätte, nicht haltbar. Vergleicht man beispielsweise die Klimadiagramme der Bundeshauptstadt Wien im Osten mit dem Klimadiagramm von Tirols Hauptstadt Innsbruck im Westen Österreichs, fällt auf, dass die Wintermonate Dezember bis Februar in Innsbruck um 1 bis 2 Grad im Mittel kälter ausfallen als in Wien. Dies ist aber nicht nur auf die knapp 400 Meter höhere Lage Innsbrucks im Vergleich zu Wien zurückzuführen, sondern auch auf eine Vielzahl anderer Einflussfaktoren, wie zum Beispiel die Tatsache, dass Innsbruck im Winter in der Regel von schneebedeckten Bergen umgeben ist und diese eine gewisse Kälte ausstrahlen.

Der Alpenhauptkamm fungiert als wirksame Wetterscheide. Da im Bereich der Alpen oft westliche und nördliche Winde vorherrschen, stauen sich in der Folge die Niederschläge häufig im Nordstau des Alpenhauptkammes, wodurch es hier zu ergiebigen Niederschlägen kommt. Auf der Wind-abgeneigten Seite lösen sich die abgeregneten Wolken auf. Daher regnet es in den inneralpinen Längstälern und Beckenlagen wesentlich weniger. An dieser Stelle vielleicht mal ein Beispiel: In Bregenz am Bodensee am nördlichen Alpenrand ist die Jahresniederschlagssumme doppelt so hoch wie im nur 130 Kilometer entfernten inneralpinen Ötztal.

Ich möchte noch kurz auf 2 Klimaphänomene eingehen: den Föhn und die Inversionswetterlagen. Föhn – was ist das? Der Föhn ist ein warmer Fallwind, den es nur im Gebirge gibt. Im konkreten Fall der Alpen kommt der Föhn immer aus Süden. Aber wie entsteht er? Sehr feuchte Luft aus Italien drückt aus Süden gegen die hohen Alpen. Um die Alpen zu überqueren, muss die feuchte Luft aufsteigen, wo sich die Luft abkühlt. In der Folge kondensiert die feuchte Luft beim Aufsteigen und es regnet – sogenannter Steigungsregen. Hat die Luft den hohen Alpenhauptkamm überwunden, hat sie den Großteil ihrer Feuchtigkeit verloren und die durch das Kondensieren entstandenen Wolken lösen sich auf.

Die nun trockenere Luft stürzt dann abwärts und erwärmt sich dabei sehr stark – teilweise doppelt so stark, wie sie sich beim Aufsteigen abgekühlt hat. Da der in der Luft vorhandener Staub beim Abregnen im

Süden bleibt, ist der trockene, warme Föhnwind sehr klar und sorgt für eine grandiose Fernsicht.

Bei der Inversionswetterlage kommt es zu einer Umkehr des üblichen vertikalen Temperaturverlaufs. Normalerweise wird die Temperatur, je höher man kommt, immer geringer. Bei der Inversionswetterlage jedoch ist es in der Höhe wärmer. So kommt es, dass es bei einer Inversionswetterlage auf den Bergen sonnig und warm ist und die Täler liegen in oder unter einer dichten Nebelschicht. Im Tal ist es dann kühler als auf dem Berg. Der Anblick eines nebelverhangenen Tals vom Berg und quasi über den Wolken zu laufen, ist sehr beeindruckend – eine super Überleitung zu dem nächsten Thema:

Was spricht für Urlaub in Österreich?

Wenn Sie Ihren Urlaub planen, was ist Ihnen wichtig – worauf legen Sie großen Wert? Möchten Sie einen Aktivurlaub, wo Sie wandern, klettern, schwimmen, Rad, Mountainbike oder Ski fahren können oder lieber den ganzen Tag lang auf einem Liegestuhl verbringen und zur Abkühlung ins Wasser springen? Sind Sie interessiert an Kultur oder historischen Gebäuden wie z. B. Burgen? Interessieren Sie sich für Wein? Oder brauchen Sie im

Urlaub unbedingt den einen oder anderen Adrenalin-Kick bzw. Nervenkitzel? Möchten Sie vielleicht Drehorte für bekannte TV-Serien besuchen? Oder darf es doch lieber ein Wellnessurlaub mit Thermalbädern sein? Brauchen Sie unberührte Natur, klare Bergluft, urige Bergalmen oder azurblaues, glasklares Wasser um in Ihrem Urlaub richtig entspannen und abschalten zu können? Vielleicht möchten Sie gern Ihren Gaumen verwöhnen?

Wenn Sie auch nur eine der vorangegangenen Fragen mit „Ja" beantworten, sollten Sie sich mal intensiv mit dem abwechslungsreichen Urlaubsland Österreich beschäftigen und auf jeden Fall weiterlesen.

Urlaub in Österreich – das ist mehr, viel mehr als nur Ski zu fahren und Après-Ski. Zugegeben, wenn man an Urlaub in Österreich denkt, wird den meisten Leuten zuerst das Skifahren in den Sinn kommen. Und wenn man nun überhaupt kein Wintersport-Freund ist, wird man sich vielleicht auch gar nicht damit beschäftigen, einen Urlaub in Österreich in Erwägung zu ziehen. Aber wussten Sie, dass der Wolfgangsee und der Achensee beispielsweise über azurblaues, glasklares Wasser wie in der Karibik verfügen oder dass die Kärntner Badeseen nicht nur im Sommer bis zu 29

Grad warm werden, sondern obendrein viele Seen auch noch Trinkwasserqualität haben?

Wenn Sie sich für Kultur oder historische Bauwerke interessieren, sollten Sie sich mal mit einem Urlaub in der lebenswertesten Stadt der Welt beschäftigen – Wien. Wien bietet mit unzähligen Museen, dem Wiener Prater, dem Stephansdom, dem Schloss Schönbrunn oder der Wiener Hofburg, um hier nur eine kleine Auswahl an Sehenswürdigkeiten zu nennen, ganz viel Stoff für Kulturinteressierte. Oder besuchen Sie die Mozart-Stadt Salzburg. In Salzburg steht u. a. die imposante Burg Hohensalzburg. Sie ist die größte, vollständig erhaltene Burg in ganz Europa. Apropos Festung, eine ebenfalls imposante Festung thront auch über der Stadt Kufstein in Tirol. Es gibt in ganz Österreich insgesamt über 1.000 Burgen und Schlösser.

Sind Sie in Ihrem Urlaub lieber sportlich aktiv? Dann können Sie sich in Österreich so richtig austoben. Egal, ob Ihnen Winterwandern, Alpinski, Snowboard fahren oder Skilanglauf im Winter oder Wandern von Frühling bis Herbst zusagt. Beim Wandern und Genießen der unberührten Natur, der Bergpanoramen und der zünftigen Brettl-Jause auf den urigen Berg-Hütten verfliegt der Alltagsstress von ganz allein. Radfahrer finden z. B. im Salzburger Land idyllische

Strecken oder erkunden Sie den 710 Kilometer langen, bis nach Kroatien führenden, Drau-Radweg. Auch Mountainbiker finden in Österreich schier endlose Möglichkeiten. Oder soll es noch ein bisschen wilder sein? Haben Sie schon einmal Wildwasser-Rafting oder Paragliding ausprobiert? Es gibt viele ausgewiesene Paragliding-Startplätze in Österreich, beispielsweise am Achensee oder am Wilden Kaiser. Für Kletterer ist Österreich natürlich ebenso ein Schlaraffenland wie für Adrenalin-Junkies allgemein. Einen besonderen Nervenkitzel bietet zum Beispiel der Dachstein. Hier gibt es die „Treppe ins Nichts", eine Glastreppe samt Glaspodest, die in knapp 3000 Metern Höhe 400 Meter über dem Felswandfuß in der Felswand montiert ist.

Sollten Sie sich für Wein interessieren, wäre ein Aufenthalt im Weinviertel oder dem Burgenland bestimmt etwas für Sie, hier befinden sich die größten Weinanbaugebiete Österreichs.

Oder möchten Sie die Drehorte bekannter TV-Serien einmal in Wirklichkeit besuchen? Dann wäre ein Aufenthalt in Velden am Wörthersee, in Ramsau am Dachstein oder in Ellmau am Wilden Kaiser etwas für Sie. In Velden am Wörthersee steht das Schloss aus der TV-Serie „Ein Schloss am Wörthersee", in Ramsau am

Dachstein spielt die TV-Serie „Die Bergretter" und in Ellmau am Wilden Kaiser wird die TV-Serie „Der Bergdoktor" gedreht. In Ramsau am Dachstein und in Ellmau am Wilden Kaiser können mehrere Drehorte auch besichtigt werden, wenn nicht gerade gedreht wird.

Naturliebhaber können sich in Österreich an unberührter Natur satt sehen. Zahlreiche klare, idyllisch gelegene Bergseen warten in den Alpen. Aber auch größere Seen finden Sie in Österreich, die nicht weniger malerisch daherkommen. Der Wolfgangsee und der Achensee beeindrucken mit ihrem azurblauen, klaren Wasser und versprühen so ein wenig Karibikflair. Der Achensee beeindruckt zudem noch durch seine zum Teil steil aufsteigenden Ufer, die an einen norwegischen Fjord erinnern. Die Natur wartet in Österreich aber auch mit einigen spektakulären Anblicken auf Sie.

Dies beginnt mit den rauschenden, kleinen Gebirgsbächen und mündet bei einigen sehr spektakulären und beeindruckenden Wasserfällen, z. B. dem Dalfazer Wasserfall am Achensee, dem Grawa Wasserfall im Stubaital oder den Krimmler Wasserfällen. Aber auch die Obir Tropfsteinhöhlen bei Bad Eisenkappel nahe der slowenischen Grenze sind auf jeden Fall einen Besuch wert.

Ein Highlight ganz anderer Natur wartet im Nationalpark Hohe Tauern. Hier befindet sich nicht nur die berühmte Großglockner Hochalpenstraße, sondern im Nationalpark Hohe Tauern gibt es auch den nicht so bekannten Smaragdweg. Der Smaragdweg ist ein Themenwanderweg zum Thema Geologie und Mineralogie, an dessen Ende man in einer Mure (Gesteinslawine) nach echten Smaragden suchen und auch welche finden kann. Ebenfalls im Nationalpark Hohe Tauern warten in Bad Gastein und Bad Hofgastein Thermalbäder auf Liebhaber von Wellnessurlaub.

Oder wie wäre es mit einer Weltreise – an nur einem einzigen Tag – zu den schönsten und beeindruckendsten Bauwerken unseres Planeten? Genau diese Möglichkeit haben Sie im Minimundus in Kärntens Hauptstadt Klagenfurt. Das Minimundus ist ein riesiger Themenpark in Klagenfurt, in dem 159 berühmte Bauwerke aus 40 Ländern im Maßstab 1:25 nachgebaut wurden.

Und ganz egal, wo Sie in Österreich Urlaub machen, Ihr Gaumen wird es genießen. Die österreichische Küche bietet eine Vielzahl an Spezialitäten. Sei es das berühmte Wiener Schnitzel, die Kärntner Käsnudeln, das Tiroler Gröstl, die Salzburger Nockerln, der Germknödel oder beispielsweise die Frittatensuppe.

Haben Sie Appetit auf einen Urlaub in dem vielfältigen Land Österreich bekommen? Im Folgenden möchte ich Ihnen einige Regionen und Orte Österreich detailliert vorstellen:

Urlaubsorte und - regionen in Österreich

ACHENSEE

Der Achensee liegt nahe der deutschen Grenze im Bundesland Tirol. Mit dem Auto erreicht man den Achensee entweder über Bad Tölz oder den Tegernsee aus Norden oder aber über Jenbach aus Süden. Der nächstgelegene Bahnhof befindet sich in Jenbach und der nächstgelegene Flughafen in Innsbruck. Am Ufer des Achensees liegen 3 Orte: Achenkirch (etwa 2.000 Einwohner) am nördlichen Zipfel, Pertisau (etwa 700 Einwohner) im Westen und Maurach (etwa 2.000 Einwohner) am südöstlichen

Ende des Achensees. Der Achensee liegt auf einer Höhe von rund 930 Metern, ist der größte See in Tirol und ist Teil des Naturparks Karwendel, welcher mit einer Fläche von 727 Quadratkilometern das größte Naturschutzgebiet Tirols darstellt. Die gesamte Uferlänge beträgt knapp 21 Kilometer und die maximale Tiefe beträgt 113 Meter. Jeder der 3 Orte verfügt über eine Seilbahn, die Hochalmlifte in Achenkirch, die Karwendelbahn in Pertisau und die Rofanbahn in Maurach.

Im Winter können am Achensee fast alle Wintersportarten betrieben werden. Alpinski und Snowboard fahren ist auf den Pisten an den 3 Seilbahnen möglich. Skilanglauf kann man vor allem in den Karwendeltälern bei Pertisau betreiben. Es gibt auch einige geräumte Winterwanderwege.

Im Sommer hat man am Achensee eine größere Auswahl an sportlichen Aktivitäten als im Winter. Zum einen kann man wie fast überall in den Alpen wandern oder Mountainbike fahren, aber am Achensee kann man auch diverse Wassersportarten betreiben – wie z. B. surfen, segeln, kiten, stand-up-paddeling oder tauchen. Da das Ufer des Achensees durchgängig frei zugänglich ist, kann man auch überall ins kühle Nass springen und im See schwimmen. Der See wird aber aufgrund seiner großen Tiefe von bis zu 113 Metern auch im Sommer selten wärmer als 20 Grad. Im ATOLL in Maurach findet man aber auch beheizte Schwimmbecken. Im Außenbereich hat das ATOLL eine riesige Liegewiese direkt am Achensee. Der Achensee ist gewissermaßen das Außenbecken. Im Inneren verfügt das ATOLL über einen SPA-Bereich und die Tourismus-Info ist ebenfalls im ATOLL zu finden. Golfer können in Pertisau und Achenkirch ihr Handicap verbessern. Der Achensee ist dank seiner hervorragenden Thermik außerdem ein Eldorado für Paraglider. Es gibt an den Bergstationen der Karwendelbergbahn in Pertisau und an der Bergstation der Rofanseilbahn in Maurach jeweils extra ausgewiesene Startpunkte.

Atemberaubende Ausblicke auf den im Uferbereich azurblauen Achensee kann man auf der Dalfaz Alm, die sich über Maurach befindet, oder auf der Feilalm, die oberhalb von Pertisau liegt, genießen. Der Dalfazer Wasserfall bei Maurach ist auf jeden Fall auch einen Besuch wert. Wer es gern ruhiger angehen lässt, für den lohnt sich eine Schifffahrt auf dem Achensee. In 2 Stunden gelangen Sie, mit mehreren Möglichkeiten auszusteigen, einmal komplett um den Achensee und können die unzähligen kleinen Wasserfälle in den steil aufsteigenden Fels- und Waldhängen bestaunen. Blickt man zwischen Pertisau und Maurach stehend oder aber vom Gipfel des Bärenkopfes in Richtung Achenkirch wird einem klar, warum der Achensee auch der „Fjord der Alpen" genannt wird – wegen der steil aufsteigenden Hänge. Das Steinöl-Museum in Pertisau präsentiert die Geschichte des Steinöls am Achensee.

ELLMAU AM WILDEN KAISER

Ellmau am Wilden Kaiser liegt auf einer Höhe von 820 Metern im Norden des Bundeslandes Tirol und hat etwa 3.000 Einwohner. Berühmt ist Ellmau durch die TV-Serie „Der Bergdoktor", die hier und in den benachbarten Orten Going, Scheffau und Söll gedreht wird. Mit Auto erreicht man Ellmau entweder über Kufstein oder Wörgl aus dem Westen oder über St. Johann in Tirol aus dem Osten. Der nächstgelegene Bahnhof liegt in Kufstein und der nächstgelegene Flughafen befindet sich in Innsbruck. Der Wilde Kaiser ist Teil des Kaisergebirges, einem Teil der nördlichen Alpen, und umfasst insgesamt 37 Gipfel, wovon die Ellmauer Halt mit 2.344 Metern Höhe den höchsten Gipfel darstellt.

Ellmau am Wilden Kaiser gehört dem Skigebiet Wilder Kaiser–Brixental an. Diesem Skigebiet gehören insgesamt 9 Orte an, sodass das Skigebiet Wilder Kaiser-Brixental eines der größten in Österreich ist. Wintersportler kommen hier also voll auf ihre Kosten. Im 15 Kilometer entfernten Kitzbühel findet alljährlich das legendäre Hahnenkammrennen auf der Streiff statt, welches jedes Jahr zehntausende Besucher anlockt.

Im Sommer ist in Ellmau für Wanderer und Bergsteiger in allen Schwierigkeitsklassen etwas dabei. Der kostenlose Wanderbus oder das kostenlose Wandertaxi bringt Sie schnell zu den Ausgangspunkten für Ihre Wanderung, wenn Sie mal nicht in Ellmau loswandern möchten. Die Wochenbrunner Alm auf 1.080 Metern Höhe stellt den idealen Ausgangspunkt für Ihre Wanderung oder Klettertour in den schroffen Felsen des Wilden Kaisers dar. Von hier kann man über 3 unterschiedliche Wege zur Gruttenhütte auf 1.620 Metern Höhe aufsteigen, von wo man bei klarem Wetter eine Fernsicht bis weit in den Nationalpark Hohe Tauern mit seinen auch im Sommer schneebedeckten Gipfeln hat.

Die Gruttenhütte ist außerdem Ausgangspunkt für die Besteigung der Ellmauer Halt. Von der Wochenbrunner Alm bietet sich für konditionsstarke Wanderer auch eine Wanderung ins Ellmauer Tor auf knapp 2.000 Metern Höhe an. Kletterer kommen in den

Klettersteigen Klammll und Jubiläumssteig auf ihre Kosten. Auf der gegenüberliegenden Seite Ellmaus findet man den 1.553 Meter hohen Hartkaiser. Er ist von der Beschaffenheit her genau das Gegenteil zu den schroffen Felsen des Wilden Kaisers – der Hartkaiser ist ein Grasberg. Auf den Hartkaiser fährt seit 2015 eine Gondelbahn, die die alte Standseilbahn ablöste.

An der Bergstation kann man aber noch eine der alten Standseilbahnen sehen und auch betreten. Auf dem Hartkaiser gibt es einige familienfreundliche, breite Wanderwege ohne große Steigungen. Und für die kleinen Urlauber wartet auf dem Hartkaiser mit „Ellmis Zauberwelt" ein riesiger Spielplatz und Entdeckungslehrpfad.

Neben der Bergstation der Hartkaiserbahn befindet sich auch ein extra ausgewiesener Startplatz für Paraglider. Ebenfalls am Hartkaiser steht auf etwa halber Höhe (1.172 Meter) die urige Rübezahlalm. Sie ist zu Fuß aus Ellmau in etwa 90 Minuten Gehzeit erreichbar oder man fährt mit der Hartkaiserbahn bis zur Mittelstation – von hier sind es noch 10 Minuten Fußweg. An der Rübezahlalm beginnt auch der Rübezahl Schnitzfigurenweg, der bis zur Bergstation der Hartkaiserbahn führt. Neben der Rübezahlalm gibt es in der Region noch einige andere sehr schöne, bewirtschaftete

Hütten. Direkt dem Wilden Kaiser zu Füßen liegt der 88 Hektar große und leicht hügelige Golfplatz. Im Winter führen über das Areal des Golfplatzes übrigens die Skilanglauf-Loipen von Ellmau. Direkt neben dem Golfplatz liegt das Schwimmbad Kaiserbad, welches über Innen-, Außenbecken, Sauna, Riesenrutsche und eine großzügige Liegewiese im Außenbereich verfügt. Wer lieber in nicht gechlortem Wasser badet oder schwimmt, kann dies am idyllisch gelegenen Hintersteiner See bei Scheffau tun. Am Nordufer des 56 Hektar großen, bis zu 35 Meter tiefen und auf 890 Metern Höhe gelegenen klaren Bergsees befindet sich ein Strandbad. Ein Rundgang um den See bietet einige schöne Ausblicke auf den Hintersteiner See, da der Weg am Südufer etwas ansteigt.

Für Romantiker empfiehlt sich, abends noch zur 50 Meter über Ellmau stehenden Marienkapelle aufzusteigen und den Sonnenuntergang zu genießen.

Im Sommer wird einmal in der Woche der komplette Ort abends für den Autoverkehr gesperrt. Dann findet im ganzen Ort ein Dorffest statt, wo Händler Ihre regionalen Produkte anbieten und regionale Musiker volkstümliche Musik spielen.

In Ellmau wird die TV-Serie „Der Bergdoktor" mit Hans Sigl in der Hauptrolle gedreht. Die Drehorte, wie die Bergdoktorpraxis, der Gruberhof in Söll oder der Marktplatz in Going, können regelmäßig besichtigt werden, wenn nicht gerade gedreht wird.

Von Ellmau aus lohnt sich auch ein Trip in das 20 Kilometer entfernte Kufstein. Hier thront über der Stadt die Festung Kufstein, die auch besichtigt werden kann.

HOHE TAUERN NATIONALPARK

Zunächst möchte ich Ihnen kurz die historische Entwicklung des Nationalparks Hohe Tauern näherbringen. Im Norden der USA wurde 1872 der Yellowstone Nationalpark gegründet. Er war der erste Nationalpark auf der Welt. 1872 konnte man sich noch nicht vorstellen, dass die Gründung des Yellowstone Nationalparks das Fundament für bis heute tausende weitere Nationalparks weltweit sein würde.

Die Idee hinter der Gründung des Yellowstone Nationalparks war, einzigartige Naturlandschaften von nationaler Bedeutung zu schützen und sie daher unter staatlichen Schutz zu stellen. Vor etwa 100 Jahren, anno 1913, machte Österreich den ersten Schritt in Richtung eines Nationalparks. Auf Initiative des Landtagsabgeordneten Dr. August Prinzinger erwarb der

Verein Naturschutzpark etwa 1.100 Hektar Land im Amertal sowie im Stubachtal mit dem Ziel, es besonders zu schützen. So begann in Österreich die Idee des Nationalparks Hohe Tauern. Die drei Landeshauptleute von Tirol, Kärnten und dem Salzburger Land entschieden 1971 durch den Vollzug der Drei-Länder-Vereinbarung in Heiligenblut die Erschaffung eines Nationalparks. Als erster und heute größter Nationalpark Österreichs wurde der Nationalpark Hohe Tauern in den 80er-Jahren gegründet. Internationale Anerkennung nach Gesichtspunkten der Weltnaturschutzorganisation IUCN bekam der Nationalpark Hohe Tauern im Jahre 2006. In den 80er-Jahren wurde der Nationalpark Hohe Tauern als erster und größter Nationalpark in Österreich errichtet. Im Jahr 2006 erhielt der Nationalpark Hohe Tauern die internationale Anerkennung nach Kriterien der Weltnaturschutzorganisation IUCN.

Der Nationalpark Hohe Tauern umfasst eine Fläche von 1856 Quadratkilometern und ist damit die größte Naturschutzzone Mitteleuropas. Er erstreckt sich über die 3 Bundesländer Salzburger Land, Tirol und Kärnten. Der Nationalpark beinhaltet 266 Berggipfel, 250 Gletscher und 551 Seen. Über 10.000 Tiere leben hier. Der höchste Berg Österreichs, der 3798 Meter hohe Großglockner, befindet sich ebenfalls im Nationalpark Hohe Tauern. Ohnehin findet man hier die höchsten Gipfel Österreichs. Im Nationalpark Hohe Tauern liegen u. a. die Orte Bad Gastein, Kaprun, Krimml, Heiligenblut am Großglockner, Hüttschlag, Matrei in Osttirol, Mallnitz und Rauris. Diese Orte werde ich Ihnen nun etwas näher vorstellen.

Bad Gastein

Bad Gastein gehört zum Bundesland Salzburger Land, hat ca. 5.000 Einwohner und befindet sich auf einer Höhe von 1.000 Metern. Bekannt ist Bad Gastein für seine Thermalquellen und für seine Hotels und Villen, die an bewaldeten Steilhängen erbaut wurden. In Bad Gastein wird Wellnessurlaub durch die Thermalquellen großgeschrieben.

Das Gasteiner Museum berichtet über die Geschichte der Thermalquellen in Bad Gastein. Wer lieber sportlich aktiv sein möchte, findet in Bad Gastein das ganze Jahr über unzählige Möglichkeiten. Im Winter bieten sich Alpinski, Skilanglauf, Rodeln, Winterwandern, Schneeschuhwandern, Eisklettern an den gefrorenen Wasserfällen, Eisstockschießen oder Eislaufen an. Im Sommer kann man in Bad Gastein wandern, Tennis spielen, angeln, klettern, golfen, Mountainbike fahren oder paragliden. Für Actionliebhaber und schwindelfreie Personen bietet sich ein Abstecher zur Hängebrücke am Stubnerkogel an. Die 140 Meter lange Hängebrücke mit Gitterboden und durchschaubaren Zaun, 28 Meter über dem Boden, ist direkt an der Bergstation der Gondelbahn angeschlossen.

Kaprun

Kaprun gehört ebenfalls zum Bundesland Salzburger Land, hat ca. 3.000 Einwohner und befindet sich auf einer Höhe von 786 Metern am Fuße des 3.029 Meter hohen Gletschers Kitzsteinhorn. Mit der Burg Kaprun (erbaut im 12. Jahrhundert) gibt es in Kaprun einen ganz besonderen Veranstaltungsort. In dem mittelalterlichen Gemäuer finden regelmäßig Veranstaltungen und Kulturprogramme mit einem ganz besonderen Flair statt. In der Gipfelwelt 3000 an der Bergstation der Kitzsteinhorn-Bergbahn erfahren Besucher spannende Details zur Entstehung der Gletscher und des Permafrosts.

Auch in Kaprun findet der Aktivurlauber unzählige Betätigungsmöglichkeiten. In Kaprun ist Alpinskifahren und Snowboarden das ganze Jahr über möglich – im Sommer auf dem Kitzsteinhorn. Im Sommer kann man darüber hinaus wandern, Mountainbike fahren, Tennis oder Golf spielen. 2 besondere Sehenswürdigkeiten möchte ich aber auch noch erwähnen: Zum einen gibt es in Kaprun 2 Hochgebirgsstauseen (Wasserfallboden und Moserboden), zum anderen möchte ich Ihnen noch die Sigmund Thun Klamm ans Herz legen. Hier hat sich die Kapruner Ache auf einer Länge von über 300 Metern über 30 Meter tief in den Fels „gefressen".

Krimml

Das beschauliche Krimml liegt mit seinen nur 800 Einwohnern auf einer Höhe von 1.067 Metern ebenfalls im Bundesland Salzburger Land. Krimml hat aber etwas ganz Besonderes zu bieten – die Krimmler Wasserfälle. Die Krimmler Ache stürzt hier über 3 Fallstufen insgesamt 380 Meter in die Tiefe. Damit sind die Krimmler Wasserfälle der höchste Wasserfall Österreichs. In unzähligen Serpentinen schlängelt sich ein Wanderweg mit einigen Aussichtskanzeln direkt am Wasserfall hoch. Jährlich besuchen etwa 400.000 Besucher dieses Naturspektakel.

Heiligenblut am Großglockner

Heiligenblut am Großglockner liegt in 1.288 Metern Höhe am Fuße des Großglockners (3.798 m) am obersten Ende des Mölltals im Bundesland Kärnten. Knapp 1.000 Einwohner leben hier. Heiligenblut ist der ideale Ausgangspunkt für einen Besuch der Pasterze, dem größten Gletscher Österreichs, und für eine Besteigung des Großglockners, Österreichs höchsten Gipfel. Außerdem beginnt in Heiligenblut die berühmte Großglockner Hochalpenstraße. Die 48 Kilometer lange Passstraße führt über 36 Kehren hinauf bis auf eine Höhe von 2.500 Metern. Sie ist die höchstgelegene befestigte Passstraße in Österreich.

Ein Abzweig der Hochalpenstraße führt zur Franz-Josefs-Höhe auf knapp 2.400 Metern Höhe. Hier ist man direkt an der Pasterze und hat einen grandiosen Blick auf den Großglockner. Konditionsstarke Hobbyradfahrer können sich an der Passstraße versuchen. Mit dem Fahrrad ist die Benutzung mautfrei, mit dem Pkw mautpflichtig. Ansonsten bietet Heiligenblut für Aktivurlauber viele Möglichkeiten: Im Winter können hier nahezu alle Wintersportarten ausgeübt werden und im Sommer können Sie wandern, klettern oder Mountainbike fahren.

Eine weitere Attraktion wartet noch in Heiligenblut: Das Goldgräberdorf Heiligenblut ist eine detailgetreue Rekonstruktion einer echten Goldgräbersiedlung des 16. Jahrhunderts. Hier können Sie sich zeigen lassen, wie die Goldsuche früher wirklich vonstattenging.

Habachtal

Das Habachtal im Salzburger Land ist berühmt für sein Smaragdbergwerk. Auf dem Smaragdwanderweg, der ein Themen- und Lehrweg für Mineralogie und Geologie ist, können Sie in einer Mure (Gesteinslawine) am Ende des Weges selbst nach Smaragden suchen – vielleicht haben Sie ja Glück.

Hüttschlag

Das Bergsteigerdorf Hüttschlag liegt auf 1.020 Metern Höhe am Ende des Großarltals im Bundesland Salzburger Land. Rund 900 Einwohner leben hier. Speziell für Skilangläufer, Winterwanderer und Skitourengeher ist Hüttschlag am Eingang zum Nationalpark Hohe Tauern ein kleines Paradies.

Matrei in Osttirol

Matrei in Osttirol hat rund 5.000 Einwohner und liegt auf 975 Metern Höhe im Bundesland Tirol. In Matrei in Osttirol gibt es sowohl kulturell einiges zu entdecken als auch zahlreiche Möglichkeiten, sich sportlich zu betätigen. Rund 2 Kilometer nördlich von Matrei in Osttirol blickt das etwa 900 Jahre alte Schloss Weißenstein hinab ins Tal. Es steht auf einem steil abfallenden Dolomitmarmorfelsen. Das Matreier Ortsbild wird von vielen Kapellen, Kirchen und Bildstöcken beherrscht.

In der Marktgemeinde befinden sich 42 antike Bauwerke aus unterschiedlichen Epochen. Vor allem fällt die Pfarrkirche St. Alban auf. Sie stellt die größte Landkirche Tirols dar. 2,5 Kilometer vom Ortskern entfernt steht die St. Nikolaus Kirche. Aufgrund ihrer besonderen Bauweise ist sie faszinierend. Die beiden übereinander liegenden Altarsäle entsprechen der Art der sogenannten Chorturmkirche, die in der Sakralarchitektur in den Alpen immer noch sehr selten ist. Das nur wenige Minuten vom Ortszentrum entfernte Gschößtal ist wahrscheinlich der **schönste Talschluss in den Ostalpen.** Vom Talschluss des Gschößtals aus hat man einen unvergesslichen Blick auf das beeindruckende **Gletschergebiet** rund um den 3.657 Meter hohen **Großvenediger.**

Mit der Talstation des Großglockner Resort Kals / Matrei hat in Osttirol direkten Zugang zum größten Skigebiet Osttirols, das auch eines der schönsten Skigebiete der Alpen ist. Der Besuch des größten künstlichen Eisklettergartens Österreichs, dem Osttiroler Eispark, ist aufregend und abwechslungsreich. Wer gern Langlaufski benutzt, findet in Matrei einige Loipen. Einzigartige Naturerlebnisse verspricht eine Schneeschuhwanderung mit einem der Nationalparkranger. Ebenso kann man in Matrei auch rodeln, eislaufen und winterwandern. Des Weiteren können Sie sich in Matrei in Osttirol beim Eisstockschießen probieren oder auch das Winterreiten versuchen. Für den romantischen Urlauber bietet sich zudem eine Pferdeschlittenfahrt durch die verschneite Winterlandschaft an.

Im Sommer bietet Matrei in Osttirol ein umfangreiches Wanderwegenetz. Durch die Gondelbahn Goldried besteht die Möglichkeit, die Wanderung direkt in luftiger Höhe zu starten. Auch Kletterfreunde kommen in Matrei auf ihre Kosten. Auch passionierte Wassersportler finden im Fluss Isel die Möglichkeit, sich zu betätigen – Rafting oder Kajak sind hier möglich. Wer das Element Wasser lieber etwas ruhiger mag, findet im Freibad Matrei die Möglichkeit zu schwimmen.

Mallnitz

Mallnitz hat rund 700 Einwohner und liegt auf knapp 1.100 Metern Höhe im Bundesland Kärnten. Der beschauliche Ort ist seit 2009 Mitglied der „Alpine Pearls", denen 19 Orte in den Alpen angehören, davon 4 in Österreich. Diese Orte verpflichten sich, ihren Gästen einen Urlaub ohne Auto problemlos möglich zu machen. Dies umfasst u. a. einen kostenlosen Bahnhofshuttle vom Bahnhof Mallnitz/Obervellach zur Unterkunft und retour sowie kostenlose Wanderbusse, die einen zu den Ausgangspunkten für Wanderungen bringen. In Mallnitz besteht auch die Möglichkeit, eine Wanderung an der Seite eines echten Tauern-Lamas zu machen. Im Winter ist am über 3.200 Meter hohen Ankogel Alpin- und Freerideskifahren möglich.

Rauris

Rauris liegt auf 950 Metern Höhe im Bundesland Salzburger Land und hat etwa 3.000 Einwohner. Im Winter sind hier nahezu alle Wintersportarten möglich – Alpinski fahren, Snowboard fahren, Skilanglauf, Rodeln, Winterwandern, Schneeschuhwandern, Eisklettern oder mit der Pferdekutsche die Winterlandschaft erkunden. Im **Talmuseum** im Zentrum von Rauris erfahren Sie, wie das Raurisertal zum "goldenen Tal der Alpen" wurde.

Der Goldbergbau wurde in Rauris zwar schon im letzten Jahrhundert eingestellt, Schätzungen zufolge sollen aber noch 120 Tonnen Gold in den Bergen von Rauris liegen. Im Sommer bietet das Raurisertal ein kleines, aber feines Wanderwegenetz. An der Bergstation der Hochalmbahn, mit der man seine Wanderung auf 1.780 Metern Höhe beginnen kann, gibt es auch eine Greifvogelschau. Am Speicherteich Hochalm können Sie auf dem **Barfußweg** Ihren Fuß-Spürsinn wecken. Mit der spektakulären Kitzlochklamm wartet in Rauris auch noch eine Naturschönheit auf Sie.

Zusammengefasst kann man mit Recht behaupten, dass der Nationalpark Hohe Tauern für jeden etwas für seine Vorlieben bereithält.

KLEINWALSERTAL

Das Kleinwalsertal ist eine funktionale Exklave Österreichs und gehört zum österreichischen Bundesland Vorarlberg. Fast vollständig ist das Kleinwalsertal von hohen Bergen umgeben, es gibt lediglich eine Straßenverbindung ins deutsche Oberstdorf. In Oberstdorf befindet sich auch der nächstgelegene Bahnhof, der nächstgelegene Flughafen ist in München. Das Kleinwalsertal umfasst die Orte Riezlern, Hirschegg, Baad und die Gemeinde Mittelberg. Rund 5.000 Menschen leben im Kleinwalsertal.

Das Tal befindet sich auf einer Höhe von 1.086 bis 1.215 Metern und ist 16 Kilometer lang. Umso weiter man in das Kleinwalsertal vordringt, desto höher kommt man – der erste Ort Riezlern liegt auf 1.086 Metern Höhe, während Baad, der hinterste und auch mit Abstand kleinste Ort, auf 1.215 Metern Höhe liegt. Durch das Kleinwalsertal fließt die Breitach, die im

Talverlauf durch Bäche aus den Seitentälern Duuratal, Derratal, Bärgunttal, Wildental, Gemsteltal und Schwarzwassertal gespeist wird und sich an der Grenze zu Deutschland ihren Weg durch die Breitachklamm bahnt.

Der höchste Gipfel im Kleinwalsertal ist der Große Widderstein mit einer Höhe von 2.536 Metern. Der markanteste und auffälligste Gipfel ist aber der 2.230 Meter hohe Hohe Ifen, dessen Plateau leicht abfällt. An das Ifenplateau grenzt das Gottesackerplateau. Das Gottesackerplateau ist eine Karstlandschaft mit vielen Höhlen und seltenen Gebirgspflanzen, die unter Naturschutz steht. Wer sich für Geologie interessiert, wird im Kleinwalsertal voll auf seine Kosten kommen.

Das Kleinwalsertal beheimatet nämlich 4 geologische Einheiten, die hier aufeinandertreffen: der Vorarlberger Flysch (Heuberg, Walmendingerhorn, Fellhorn), die schroffen Felsen des Ostalpin (Nördliche Kalkalpen) aus Hauptdolomit (Kanzelwand, Elfer, Widderstein, Schafalpköpfe) und das Helvetikum mit dem verkarsteten Schrattenkalk (Gottesackerplateau, Ifen). Zwischen Flysch und Ostalpin stellt die Arosazone dann noch einen dünnen, nicht geschlossenen Streifen zwischen Flysch und Ostalpin. Sie enthält eine große Vielfalt an Gesteinen und zieht sich vom

Üntschenjoch über den Bärenkopf entlang quer durch das Wilden- und Gemsteltal bis unterhalb der Kanzelwand.

Infrastrukturell muss erwähnt werden, dass die Orte Riezlern und Mittelberg über je einen Supermarkt verfügen. Es gibt im Kleinwalsertal 3 Bergbahnen: Die Kanzelwandbahn in Riezlern bringt einen auf 1.957 Meter Höhe, die Walmendingerhornbahn in Mittelberg auf 1.948 Meter Höhe und die Ifenbahn im Schwarzwassertal bringt einen im Sommer bis zur Mittelstation auf 1.577 Meter Höhe und im Winter bis zur Bergstation auf 2.024 Meter Höhe. Die Benutzung der Bergbahnen ist im Sommer in vielen Unterkünften gratis dabei. Wer Urlaub im Kleinwalsertal macht, kann seinem Pkw auch Urlaub gönnen. Die Walserbusse fahren in der Hauptsaison von Juni bis September auf den Hauptlinien im 10-Minuten-Takt. Die Benutzung der Walserbusse ist durch die Gästekarte gratis. Da eine Hauptlinie direkt neben dem Bahnhof in Oberstdorf startet, bietet es sich eigentlich an, den Pkw von vornherein zu Hause zu lassen.

Im Winter ist das Kleinwalsertal ein Wintersportgebiet. Ab den Bergstationen der Bergbahnen kann Alpinski oder Snowboard gefahren werden. Über dies hinaus gibt es noch einige Schlepp- und Sessellifte, wie

z. B. in der Heubergarena in Hirschegg oder der Zafer-
nalift in Mittelberg. Im Tal gibt es ein paar gespurte
Langlaufstrecken, Schneeschuhwandern ist vor allem
im Schwarzwassertal sehr lohnend. Außerdem gibt es
diverse geräumte Winterwanderwege.

Im Sommer verwandelt sich das Kleinwalsertal in
ein riesiges Wandergebiet. Dank der kostenlosen
Walserbusse kann man seinen Wanderstart und -end-
punkt jeden Tag aufs Neue flexibel legen. Ein besonders schöner Wanderweg ist der Mittelberger Höhenweg ab Baad, hier kommt man an der Sonna Alp direkt
neben der Bergstation des Zafernaliftes vorbei. Von der
Terrasse der Sonna Alp hat man einen freien Blick auf
das Kleinwalsertal und in die gegenüberliegenden Sei-
tentäler. Neben der Sonna Alp findet man im Kleinwalsertal noch einige andere urige, bewirtschaftete
Hütten, die zum Rasten und Verweilen einladen.

Im Bereich der **Klettersteige muss sich** das
Kleinwalsertal nicht verstecken: Der überaus beliebte
und anspruchsvolle **Mindelheimer Klettersteig** etwa
überschreitet in 2.300 m Höhe das Grenzgebiet zwischen Deutschland und Österreich. An der Kanzelwand findet man mit dem Familien-Klettersteig
Walsersteig und dem sehr anspruchsvollen 2-Länder-
Klettersteig Klettersteige der Sch**wierigkeitsgrade** B

bis D. Wo Berge sind, darf natürlich auch das Moun-
tainbike-Fahren nicht fehlen. Eine sehr schöne Tour
verbindet das Ortszentrum von Hirschegg über das
aussichtsreiche Heuberggebiet mit dem Schwarzwassertal.

Eine weitere Betätigungsmöglichkeit findet man
im Freibad in Riezlern, wo man im Sommer schwimmen kann. Für regnerische Sommertage bietet sich ein
Besuch der Breitachklamm an der Grenze zu Deutschland an, da man klammtypisch eh immer nass wird und
je mehr Wasser vom Himmel kommt, desto tosender
rauscht das Wasser durch die tiefste Felsenschlucht
Mitteleuropas.

Am Söllereck, kurz vor Oberstdorf, gibt es eine riesige Sommerrodelbahn. Vom Söllereck aus besteht
auch die Möglichkeit, zur Heini-Klopfer-Schanze zu
wandern. Die Skiflugschanze steht am Freibergsee. In
Oberstdorf selbst bietet sich eine Besichtigung der
Schattenbergschanze an, wo traditionell in jedem Jahr
nach Weihnachten die Vierschanzentournee der Ski-
springer begonnen wird.

KLOPEINER SEE

Der Klopeiner See ist ein See im südlichen Kärnten, 7 Kilometer südwestlich von Völkermarkt und etwa 40 Kilometer von der slowenischen Grenze entfernt. An seinem Ufer liegen die Ortschaften Unterburg im Osten und Seelach und Klopein im Westen. Der Klopeiner See liegt auf einer Höhe von 446 Metern. Er ist nur 1,8 Kilometer lang und 800 Meter breit, seine maximale Tiefe beträgt 48 Meter. Der Klopeiner See hat nachgewiesene Trinkwasserqualität. Die Qualität des Wassers wird auch durch die 15 unterschiedlichen Fischarten dokumentiert, die im Klopeiner See zu finden sind. Der Klopeiner See gilt über dies hinaus als wärmster Badesee Österreichs mit Wassertemperaturen im August von 28 bis 29 Grad.

Neben dem Baden und Tretboot-Fahren im See, was an 2 öffentlichen Strandbädern oder über hoteleigene Grundstücke am See möglich ist, lädt der Klopeiner See natürlich aufgrund seines Fischreichtums zum Angeln ein. Die Region ist darüber hinaus ein Eldorado für Radfahrer. In der Nähe verläuft bei Völkermarkt u. a. der Drau-Radweg, der bis nach Kroatien führt.

Einmal im Jahr findet am Klopeiner See das Seefest „See in Flammen" statt. Es gilt mit bis zu 70.000

Besuchern als das größte Seefest Österreichs und umfasst u. a. Livemusik, eine Genussmeile und am späten Abend ein Höhenfeuerwerk.

Wer den kurzen, steilen Anstieg auf den Georgiberg bewältigt, wird mit einem traumhaften Panorama auf den Klopeiner See und den Drau-Stausee bei Völkermarkt belohnt. Etwa 30 Kilometer entfernt vom Klopeiner See findet man die Petzen-Bergbahn, die einen in das Wandergebiet rund um die Feistritzer Spitze (2.080 Meter Höhe) bringt.

Ein Highlight für Adrenalinfreunde und Naturinteressierte wartet im ebenfalls ca. 30 Kilometer entfernten Bad Eisenkappel. Hier ist der Ausgangspunkt für eine Besichtigung der Obir Tropfsteinhöhle. Von Bad Eisenkappel geht es mit dem Bus etwa 500 Meter bergauf über Serpentinen ohne Leitplanken, Gegenverkehr und Rangiermanöver inklusive. Aber keine Angst, die Busfahrer kennen die Strecke seit vielen Jahren. Für den Privatverkehr ist die Straße gesperrt. Für den Besuch der Tropfsteinhöhle sollte man sich warme Kleidung mitnehmen, da in der Höhle auch im Sommer nur 8 Grad herrschen.

Nur 20 Kilometer entfernt vom Klopeiner See liegt Kärntens Hauptstadt Klagenfurt. Klagenfurt liegt direkt am Wörthersee. Die Region bietet ebenfalls einige lohnende Highlights. Sei es ein Besuch des Minimundus, wo 159 berühmte Bauwerke aus 40 Ländern der ganzen Welt im Maßstab 1:25 nachgebaut sind, eine Schifffahrt auf dem Wörthersee, ein Besuch auf der Aussichtsplattform Pyramidenkogel oder ein Aufenthalt in einem der größten Binnenseestrandbäder Europas in Klagenfurt mit einer Gesamtliegefläche von 5.000 Quadratmetern. Mehr zum Wörthersee können Sie im Abschnitt „Wörthersee" erfahren.

LEUTASCH

Leutasch ist ein auf 1.140 Metern Höhe gelegenes, 16 Kilometer langes Hochtal am Fuße des Wettersteingebirges und der Hohen Munde nahe der deutschen Grenze. Man erreicht Leutasch mit dem Auto entweder über das deutsche Mittenwald oder das österreichische Seefeld in Tirol. Die nächstgelegenen Bahnhöfe befinden sich ebenfalls in Mittenwald und Seefeld in Tirol und der nächstgelegene Flughafen ist in Innsbruck. Leutasch besteht aus den 24 Dörfern Lehenwald, Boden-Niederlög, Burggraben, Lochlehn, Puitbach, Reindlau, Schanz, Unterkirchen, Ahrn, Aue, Emmat, Gasse, Kirchplatzl, Klamm, Kreith, Lehner, Moos, Obern, Ostbach, Plaik, Platzl, Seewald, Weidach und Föhrenwald und hat etwa 2.400 Einwohner. Das mit Abstand größte Dorf ist Weidach. Hier findet man alle infrastrukturell wichtigen Einrichtungen wie Supermarkt, Arzt, Bank und auch ein Tourismusbüro.

Durch seine Lage am nördlichen Alpenrand und durch seine Höhe ist Leutasch im Winter sehr anfällig für größere Neuschneemengen im Zuge von Wetterlagen, wo es zu Niederschlägen am Nordstau der Alpen kommt. 1 bis 2 Meter Schnee sind in Leutasch im Winter im Tal keine Seltenheit, eher Normalität. Da Leutasch mit 16 Kilometern ein sehr langes Tal mit kaum Höhenunterschied ist, ist es ein Eldorado für Skilangläufer. Leutasch ist Teil der Olympiaregion Seefeld. Die Olympiaregion Seefeld hat mit einem Streckennetz von 280 Kilometern das größte Skilanglaufnetz Europas. Wer lieber Alpinski fährt, hat dazu in Leutasch am Kreithlift die Möglichkeit.

Mehr Hänge für Alpinski findet man jedoch im benachbarten Seefeld in Tirol. Am Kreithlift gibt es auch eine extra ausgewiesene Rodelbahn. Für Romantiker bietet sich vielleicht eine Fahrt mit der Pferdekutsche durch die tief verschneite Landschaft an. Auch zu Fuß lässt sich das Leutaschtal prima erkunden. Im Winter gibt es ein sehr großes Wegenetz an geräumten Winterwanderwegen. Und egal, ob auf Skiern oder zu Fuß, die urigen Hütten laden jeden zum Rasten und Verweilen ein. Natürlich kann man das Leutaschtal auch im Sommer auf einem großen Wegenetz erwandern oder mit dem Mountainbike erkunden. Hartgesottene können im Sommer einen Sprung in den Badesee Wildsee in Seefeld wagen. Die Wassertemperatur erreicht auch im Sommer kaum 20 Grad. Wer nach einem aufregenden Urlaubstag noch ein paar Bahnen schwimmen möchte oder wem 20 Grad Wassertemperatur im Wildsee zu frisch sind, für den lohnt sich ein Besuch des Alpenbades in Weidach. Hier gibt es auch ein (beheiztes) Außenbecken.

Ein Highlight ist in jedem Jahr Anfang März der Ganghoferlauf. Hier treten weit über 1.000 Hobby-Athleten zum wohl größten Volksskilanglauf Österreichs an. Die Streckenlänge beträgt in der klassischen Variante 25 bzw. 50 Kilometer oder in der Skating-Variante 21 bzw. 42 Kilometer.

Mit der Leutascher Geisterklamm erwartet Sie auch eine Naturattraktion. Die Leutascher Geisterklamm ist 1.640 Meter lang und witterungsbedingt nur im Sommer geöffnet. Ein gesicherter Metallweg führt in luftiger Höhe durch die Felsschlucht, wo sich die Felsen bis zu 75 Meter steil über dem rauschenden Wasser am Klammboden empor erheben. Im Sommer besteht die Möglichkeit, am Katzenkopf (Kreithlift) mit der Sommerrodelbahn zu fahren.

Kulturell gibt es in Leutasch auch ein bisschen was zu sehen und zu entdecken. Beispielsweise widmet sich das Ganghofer-Museum dem Leben und den Werken des deutschen Schriftstellers Ludwig Ganghofer, der 20 Jahre lang die Sommer in seinem Sommer- und Jagdhaus im Gaistal in Leutasch verbrachte, wo eine Vielzahl seiner Bücher entstanden sind.

Wer von Leutasch aus einen Ausflug machen will, könnte z. B. ins 45 Minuten mit dem Auto entfernte deutsche Garmisch-Partenkirchen fahren. Hier bietet sich eine Besichtigung der Olympiaskisprungschanze oder eine Fahrt auf die Zugspitze an, mit 2.962 Metern Höhe ist die Zugspitze Deutschlands höchster Berg. Nicht weiter weg von Leutasch entfernt liegt Tirols Hauptstadt Innsbruck mit der legendären Bergisel Sprungschanze und dem Goldenen Dachl, dem Wahrzeichen Innsbrucks.

RAMSAU AM DACHSTEIN

Ramsau am Dachstein liegt etwa 10 Kilometer nördlich von Schladming auf 1.135 Metern Höhe im Bundesland Steiermark. Mit etwa 6.500 Gästebetten ist die Ramsau die größte Tourismusgemeinde in der Steiermark. In Ramsau leben knapp 3.000 Einwohner. Mit dem Auto erreicht man Ramsau am Dachstein am besten über Schladming oder Filzmoos. Der nächstgelegene Bahnhof befindet sich in Schladming und der nächstgelegene Flughafen ist in Salzburg. Die Gemeinde Ramsau am Dachstein umfasst die Orte Kulm, Leiten, Ramsau, Rössing, Vorberg, Schildlehen und Hierzegg. Der höchste Berg in Ramsau am Dachstein ist der Berg, der schon im Gemeindenamen auftaucht – der Dachstein. Der Hohe Dachstein ist mit 2.995 Metern Höhe auch der höchste Berg der Steiermark.

Wie fast überall in den Alpen ist natürlich auch in Ramsau am Dachstein im Winter Wintersport möglich. Alpinski und Snowboard zu fahren, ist etwa am Rittisberg möglich. Die Planai in Schladming bietet für Alpinsportler noch mehr Pisten und Möglichkeiten. Aufgrund der Höhe von 1.135 Metern ist Ramsau sehr schneesicher, da wundert es nicht, dass im Winter das Tal von diversen Skilanglaufloipen durchzogen ist.

Insgesamt 300 Kilometer Schneeschuhwanderwege und präparierte Winterwanderwege gibt es außerdem.

Skilanglauf ist in Ramsau aber das ganze Jahr über möglich. Wie das geht? Auf dem Dachsteingletscher findet man das ganze Jahr über in rund 2.700 Metern Höhe bestens präparierte Loipen. Dies nutzen im Sommer auch diverse Langlaufnationalmannschaften, um sich im Sommertrainingslager auf die nächste Wintersaison vorzubereiten.

Aber im Sommer bietet es sich natürlich auch an, das Tal auf dem 1.000 Kilometer umfassenden Wanderwegenetz oder mit dem Mountainbike zu erkunden. 22 Klettersteige lassen für Kletterer keine Wünsche offen. Eine Besichtigung der Skisprungschanze in Ramsau ist ebenfalls möglich.

In Ramsau erwartet Sie aber auch ein echtes Naturjuwel: die Silberkarklamm im Ort Rössing. Durch die Klamm führt ein Holzweg teilweise stufenartig hinauf. Für Kletterer warten in der Silberkarklamm mit dem Hias-, dem Rosina- und dem Siega-Klettersteig gleich 3 Klettersteige.

Wer den Nervenkitzel liebt, sollte unbedingt mit der Dachsteinbahn auf den Dachstein fahren. Der erste Nervenkitzel kann Sie da schon bei der Auffahrt mit der Seilbahn erwarten. Es gibt nämlich eine Gondel mit einer Gondelterrasse auf dem Gondeldach. An der Bergstation angekommen, warten mit dem Sky Walk, der Hängebrücke und der Treppe ins Nichts gleich 3 weitere Nervenkitzel. Der Sky Walk ist eine Aussichtsplattform, wo man bei guter Sicht bis nach Tschechien und Slowenien gucken kann. Er hat teilweise einen gläsernen Boden, sodass man unter sich 250 Meter nichts als Luft sieht, bevor der Blick auf die Felswände stößt. Noch ein bisschen extremer ist die Treppe ins Nichts: **14 schmale Stufen** führen hinab auf ein **Glaspodest** in **schwindelerregender Höhe**. Wer diese Treppe betritt, steht direkt in der Felswand **400 m über dem Wandfuß**. Auch bei der 100 Meter langen, höchsten Hängebrücke Österreichs blickt man unter sich 400 Meter in die Tiefe. Der Eispalast 6 Meter unter dem Gletscher zeigt geschnitzte Eisfiguren und Eissäulen. Alles in unmittelbarer Nähe der Bergstation.

Ramsau am Dachstein ist der Hauptdrehort für die TV-Serie „Die Bergretter". Zahlreiche Drehorte liegen hier, wie z. B. „Emilies Hof", „die Bergretter-Zentrale", die Südwandhütte am Dachstein oder die bereits genannte Silberkarklamm. Einmal im Jahr findet in Ramsau die Bergretter-Fanwanderung statt. Hier wandern die Darsteller der Serie zusammen mit Ihnen zu einigen Drehorten. Hierzu werden aber Tickets benötigt, um teilzunehmen.

Im Winter findet einmal jährlich (meist Mitte Dezember) der FIS-Weltcup der Nordischen Kombination statt.

SALZBURG

Salzburg ist die Hauptstadt des Bundeslandes Salzburger Land, liegt direkt an der Grenze zu Deutschland auf einer Höhe von 420 Metern, ist mit etwa 150.000 Einwohnern die fünftgrößte Stadt Österreichs und wird von dem Fluss Salzach durchflossen. Salzburg ist mit dem Auto bequem über die Tauern- und die Westautobahn mit dem Auto zu erreichen, einen Bahnhof und einen Flughafen gibt es hier ebenfalls. Das historische Zentrum Salzburgs gehört seit 1997 zum Weltkulturerbe der UNESCO. Aber Salzburg ist mehr als nur Mozart und Festspiele. Einige Sehenswürdigkeiten in Salzburg möchte ich Ihnen nun vorstellen:

Für Mozart-Fans darf natürlich ein Besuch im Geburtshaus von Wolfgang Amadeus Mozart nicht fehlen. Heute ist das Geburtshaus Mozarts ein Museum und erzählt die Geschichte des Lebens Mozarts. Es ist eines der meistbesuchten Museen Österreichs.

Die Festung Hohensalzburg thront über der Stadt auf dem Festungsberg und bietet einen 360 Grad Rundblick auf die Mozartstadt. Es ist die älteste, vollständig erhaltene Burg Mitteleuropas und ist heute das Wahrzeichen der Stadt. Mit dem Bau begonnen wurde vor knapp 1000 Jahren im Jahr 1077.

Das Schloss Mirabell mit dem Mirabellgarten gehört zum historischen Zentrum Salzburgs und ist damit Teil des UNESCO-Weltkulturerbes. Ein besonderes Highlight im Schloss Mirabell stellt der Marmorsaal dar. Er ist mit Marmor und vergoldetem Stuck verkleidet. Wegen seiner sehr guten Akustik wird er heute für Trauungen und klassische Konzerte verwendet. Auch die prunkvolle Georg-Raphael-Donner-Stiege ist sehr sehenswert.

Das Schloss Hellbrunn mit seinem Park und den berühmten Wasserspielen ist auf jeden Fall auch einen Besuch wert. Die komplette Anlage des ehemaligen Lustschlosses mit dem Park steht unter Denkmal- und Naturschutz. Hier kann man die am besten erhaltenen Wasserspiele der Spätrenaissance auf der ganzen Welt mit vielen Wasserscherzen und diversen beweglichen Figuren sowie vielen Skulpturen-geschmückten Grotten bewundern. Der Schlosspark beinhaltet auch einen Teil des angrenzenden Salzburger Zoos.

Im Haus der Natur treffen Dinosaurier aus längst vergangenen Zeiten auf Meilensteine der Raumfahrt. Das Museum steht im historischen Zentrum und ist damit auch Teil des UNESCO-Weltkulturerbes. Es bietet dem Besucher in über 80 Schauräumen Ausstellungen über die verschiedenen Bereiche der belebten und unbelebten Natur. Zu den Besuchermagneten gehört die Saurierhalle mit einer beweglichen Allosaurus-Nachbildung.

Das Domquartier Salzburg ist ein Museumskomplex, der rund um den Salzburger Dom führt. Die Museumsfläche umfasst ca. 15.000 Quadratmeter. Der Häuserblock beinhaltet aktuell folgende Sammlungen und Objekte: die Residenzgalerie Salzburg, Prunkräume der Salzburger Residenz, das Dommuseum Salzburg mit Domschatz (im Südoratorium des Doms), Westempore mit großer Domorgel, die Kunst- und Wunderkammer im Dommuseum Salzburg (in den südlichen Dombögen), das Salzburger Barockmuseum mit der Sammlung Rossacher (private Gemäldesammlung/im Nordoratorium des Doms), die Lange Galerie (Gemäldesammlung des Stifts St. Peter) und das Museum St. Peter.

Das Museum der Moderne befindet sich auf dem Mönchsberg, oberhalb der Salzburger Altstadt. Hier werden moderne und zeitgenössische internationale Kunstwerke aus dem 20. und 21. Jahrhundert auf einer Fläche von insgesamt 2.300 Quadratmetern sowie Werke aus der eigenen Sammlung in Wechselausstellungen dargeboten.

STUBAITAL

Das Stubaital ist das Haupttal der Stubaier Alpen in Tirol. Es zieht sich 35 Kilometer vom Alpenhauptkamm in nordöstlicher Richtung bis in die Nähe von Innsbruck. Im Stubaital befinden sich die Orte Schönberg im Stubaital, Mieders, Telfes im Stubai, Fulpmes und Neustift im Stubaital. Insgesamt leben im Stubaital knapp 14.000 Menschen, davon knapp 5.000 in Neustift und etwa 4.500 in Fulpmes.

Mit dem Auto erreicht man das Stubaital bequem über die Brennerautobahn. Mit dem Zug kann man direkt bis ins Stubaital fahren. Vom Hauptbahnhof Innsbruck kann man Telfes und Fulpmes bequem mit der regelmäßig verkehrenden Stubaitalbahn erreichen. Der nächstgelegene Flughafen liegt in Innsbruck. Das Stubaital liegt auf einer Höhe von 900 bis 1.700 Metern, wobei man, umso tiefer man in das Tal vordringt, immer höher kommt. Das Ende des Stubaitals bildet die

Mutterbergalm auf 1.700 Metern Höhe, wo sich auch die Talstation für die Stubaier Gletscherbahn befindet. Der höchste Berg des Stubaitals ist mit 3.507 Metern Höhe das Zuckerhütl.

Das Stubaital ist bekannt für seine Skigebiete. Durch die Höhenlage und klimatischen Bedingungen der Region am Alpenhauptkamm gilt das Gebiet nämlich als besonders schneesicher. Die Stubaier Gletscherbahnen erschließen mit 700 Hektar Skigebietsfläche das größte Gletscherskigebiet Österreichs. Daneben stehen noch die Skigebiete Schlick 2000 in Fulpmes, das Skigebiet am Elferlift in Neustift sowie das Skigebiet am Serleslift in Mieders zur Auswahl. Rodelbahnen, Winterwanderwege und mehrere Langlaufloipen komplettieren das Winterangebot im Stubaital.

Die Berge und die reiche Natur- und Kulturlandschaft mit Almen, Wäldern, Wiesen, Bächen, Gletschern und Wasserfällen stellen die wichtigste Sommerattraktion im Stubaital dar. Der bequem zu Fuß erreichbare Grawa-Wasserfall ist besonders bekannt. Drei Schutzgebiete (Ruhegebiet Stubaier Alpen, Landschaftsschutzgebiet Serles-Habicht-Zuckerhütl und Kalkkögel) liegen ebenfalls im Stubaital.

Die alpine Umgebung des Tales ist mit acht Alpenvereinshütten, zahlreichen Jausenstationen, Almen und einem ausgedehnten Wegenetz sehr entwickelt. Mehrere Routen sind als Themenwanderwege ausgelegt (wie z. B. der Wilde-Wasser-Weg, der Stubaier Höhenweg und der Franz-Senn-Weg). Außerdem gibt es 2 Aussichtsplattformen: An der Schaufelspitze im Gletscherskigebiet befindet sich mit der Gipfelplattform „Top of Tyrol" auf 3.210 Metern Höhe die höchste Aussichtsplattform in Tirol. Bei klarem Wetter hat man hier eine Aussicht auf über 100 über 3.000 Meter hohe Gipfel. Die Aussichtsplattform „Top of Tyrol" wurde außerdem von der **Zeitschrift GEO zu einer der 10 weltweit schönsten Aussichtsplattformen gekürt.** Außerdem befindet sich hier auch auf 3.150 Metern Höhe mit der Jochdohle das höchstgelegene Bergrestaurant der Alpen. Eine weitere Aussichtsplattform (Stubaiblick) findet man am Kreuzjoch in 2.160 Metern Höhe oberhalb von Fulpmes.

Bei einem Aufenthalt im Stubaital ist ein Besuch des bekannten und mächtigen Grawa-Wasserfalls auf jeden Fall Pflicht. 180 Meter stürzt der Sulzenaubach hier auf einer Breite von 85 Metern talwärts. Damit ist der Grawa-Wasserfall der breiteste Wasserfall der Ostalpen. Am Fuße des Wasserfalls lädt eine große

Plattform mit Holzliegen zum Verweilen, Entspannen und Genießen dieses Naturspektakels ein. Der Grawa-Wasserfall bildet das Herzstück des Themenweges „Wilder-Wasser-Weg". Der Weg zum Wasserfall ist kinderwagen- und rollstuhlgerecht.

Auf dem Berg Serles bei Mieders gibt es noch eine für die Alpen eher ungewöhnliche Attraktion: Von der Bergstation der Serles-Seilbahn verkehrt täglich mehrmals zum Kloster Maria-Waldrast der Serleszug – eine kleine, gemütliche Bimmelbahn.

Das Freizeitcenter StuBay in Telfes umfasst ein großes Erlebnisschwimmbad mit Innen- und Außenbecken, Strömungskanal und Wasserrutsche, eine großzügige Saunalandschaft, ein Fitnessstudio und eine 1.250 Quadratmeter große Spielelandschaft, wo u. a. Österreichs größtes Freestyle-Trampolin steht.

WIEN

Wien ist ein eigenes Bundesland im Osten Österreichs und gleichzeitig die Hauptstadt des Landes. Mit dem Auto ist Wien bequem per Autobahn zu erreichen, einen Bahnhof und Flughafen gibt es hier natürlich auch. Wien hat knapp 2 Millionen Einwohner – mehr als jeder fünfte Einwohner Österreichs lebt also in Wien.

Wien liegt nur etwa 200 Meter hoch und wird von der Donau durchflossen.

Wien wurde mehrfach vom „Economist" zur lebenswertesten Stadt der Welt gewählt, warum dies so ist, können Sie bei einem Aufenthalt in Österreichs Hauptstadt versuchen herauszufinden. Wenn Sie nach Wien reisen, gibt es auf jeden Fall ganz viel zu sehen und zu entdecken, Sightseeing pur. Im Folgenden möchte ich Ihnen einige berühmte Sehenswürdigkeiten Wiens näherbringen, aber auch ein paar, die nicht in jedem Reiseführer stehen, aber nicht weniger lohnend sind zu besuchen.

Die Wiener Kaffeehauskultur ist weltberühmt. Bei einem Aufenthalt in Wien ist der Besuch eines der traditionellen Kaffeehäuser quasi Pflicht. Seit 2011 gehört die Wiener Kaffeehauskultur sogar zu dem immateriellen Kulturerbe der UNESCO.

Ein weiteres Muss ist der Besuch des Schlosses Schönbrunn. Im Schloss Schönbrunn können Sie erkunden, wie einst die legendäre Kaiserin Sissi gelebt hat. Das Schloss verfügt über 1441 Zimmer und der angrenzende Schlosspark ist so groß wie 22 Fußballfelder. Das Schloss Schönbrunn gehört seit 1996 auch zum Weltkulturerbe der UNESCO. Im Park des Schlosses befindet sich zudem noch der Tiergarten Schönbrunn.

Bereits im Jahre 1752 ist er eröffnet worden. Damit ist er älteste Zoo auf der ganzen Welt.

Der Wiener Prater ist eigentlich ein riesiges Natur- und Parkareal. Häufig wird der Begriff „Prater" aber nur für den Vergnügungspark verwendet, der sich auch in diesem Park befindet. Hier findet man auch das Wahrzeichen der Stadt – das Wiener Riesenrad. Das Wiener Riesenrad gibt es bereits seit dem Jahre 1897. Damals war es eines der größten Riesenräder der Welt.

Im Herzen der historischen Altstadt von Wien steht der Stephansdom. Er ist das zweite bekannte Wahrzeichen Wiens. Besonders auffällig am Stephansdom ist neben den beiden Kirchtürmen vor allem das Zickzack-Muster des Daches. Jeden Tag kann der 137 Meter hohe Südturm besichtigt werden und bietet eine faszinierende Aussicht auf Österreichs Hauptstadt.

Die Wiener Hofburg sollte ebenfalls bei einem Trip nach Wien nicht fehlen. Vom 13. Jahrhundert bis 1918 lebte die Habsburgerdynastie in der Hofburg. Heute sitzt hier der österreichische Präsident. In der Hofburg befinden sich außerdem u.a. die spanische Hofreiterschule, das Sissi-Museum, kaiserliche Schatzkammer sowie die prunkvollen Räumlichkeiten der Albertina.

Mit dem Schloss Belvedere beheimatet Wien noch ein weiteres sehenswertes Schloss. Das Schloss Belvedere gehört wohl zu den schönsten und bedeutendsten Barockbauwerken in ganz Europa. Es hat einen äußerst sehenswerten Schlossgarten und verfügt über die größte Sammlung österreichischer Kunst und hat die weltweit größte Sammlung von Werken des österreichischen Malers Gustav Klimt.

Das Museumsquartier ist das kulturelle Zentrum Wiens. Es beheimatet 9 Einrichtungen. Die populärsten sind wohl das Leopold-Museum mit Werken von u. a. Egon Schiele und das mumok, was zahlreiche Werke von bedeutenden Künstlern moderner Kunst zeigt.

Dies war eine kleine Auswahl an Wiener Sehenswürdigkeiten, die man, wenn man in Wien ist, auch gesehen haben sollte. Da sie aber auch so bekannt sind, sind sie leider häufig sehr überlaufen. Im Folgenden möchte ich Ihnen noch ein paar eher unbekannte Schönheiten Wiens vorstellen.

Wie eingangs erwähnt, zählt die Kaffeehauskultur zu Wiens Berühmtheiten. Dementsprechend sind viele größere traditionelle Kaffeehäuser auch von Touristen stark besucht. Am Franziskanerplatz können Sie die Wiener Kaffeehauskultur wie aus dem Bilderbuch erleben. Hier gibt es das „Kleine Café". Es wirkt auf den ersten Blick sehr unscheinbar, es ist innen eng und verraucht, hier hat man das Gefühl, dass die Zeit vor Jahrzehnten stehen geblieben zu sein scheint. Wenn Sie also ein typisches Wiener Café abseits der Touristenströme besuchen möchten, dann ist das Kleine Café am Franziskanerplatz die richtige Adresse.

Suchen Sie einen grandiosen Aussichtspunkt? Dann sollten Sie den 480 Meter hohen Kahlenberg nordöstlich von Wien besteigen. Der Gipfel liegt knapp 300 Meter über den Dächern Wiens und bietet einen grandiosen Blick auf die österreichische Hauptstadt. Bei klarem Wetter kann man sogar die Karpaten in der benachbarten Slowakei sehen.

Als Letztes möchte ich Ihnen noch einen Besuch der Wiener Donauinsel ans Herz legen. Die Donauinsel ist eine 21 Kilometer lange und bis zu 250 Meter breite künstliche Insel in der Donau. Sie ist das Naherholungsgebiet Wiens schlechthin. Auf der Donauinsel können Sie spazieren gehen, Rad oder Inlineskates fahren, es gibt hier außerdem einen Badestrand, einen Kletterpark und die größte Trampolinanlage der Welt. Einmal im Jahr findet hier das Donauinselfest statt. Das Donauinselfest ist ein Musikfestival, das über 3 Tage dauert, keinen Eintritt kostet und bis zu 3 Millionen Besucher anlockt.

WÖRTHERSEE

Der Wörthersee liegt auf einer Höhe von 440 Metern im Klagenfurter Becken und ist mit einer Fläche von knapp 20 Quadratkilometern und einer Länge von 16,5 Kilometern der größte See Kärntens. Die maximale Tiefe des Wörthersees beträgt 85 Meter. An seinem Ufer liegen die Orte Velden im Westen, Dellach, Maria Wörth und Reifnitz am südlichen Ufer, am nördlichen Ufer die Orte Pörtschach und Krumpendorf und am östlichen Ende liegt Kärntens Hauptstadt Klagenfurt. Mit dem Auto erreicht man den Wörthersee bequem über die Südautobahn (A2). Es gibt Bahnhöfe in Velden, Krumpendorf und in Klagenfurt. Der nächstgelegene Flughafen befindet sich in Klagenfurt. Aufgrund der windgeschützten Lage und der geringen Durchflutung kann die obere Wasserschicht bis in eine Tiefe von bis zu 8 Metern Temperaturen bis über 25 °C erreichen, am Ufer steigen die Temperaturen zeitweise noch deutlich höher an.

Dass im Wörthersee nahezu jede Wassersportart möglich ist, versteht sich eigentlich von selbst. Zum Relaxen kann man in eines der größten Binnenseestrandbäder Europas gehen: Das Strandbad in Klagenfurt erstreckt sich über eine Länge von 500 Metern und bietet eine Gesamtliegefläche von 5.000 Quadratmetern. Mit den Schiffen der Wörtherseeschifffahrt kommt man bequem an jeden Ort am Wörthersee. Im Folgenden möchte ich Ihnen einige der Orte etwas vorstellen:

Beginnen wir am Westufer des Wörthersees in Velden: Velden hat etwa 9.000 Einwohner und ist ein anerkannter Kurort. Der Kurpark mit dem auffälligen gelben Schloss von Velden liegt direkt am Ufer des Wörthersees. Heute ist das Schloss ein Hotel. Das Veldener Schloss war das Motiv aus der TV-Serie „Ein Schloss am Wörthersee". Die Seepromenade lädt zum Verweilen ein. Einmal im Jahr im Juni finden in Velden die Internationalen Sportwagenwochen und das Sportwagenfestival statt.

Pörtschach am Nordufer hat knapp 3.000 Einwohner und ist vor allem für seine Seevillen bekannt, die die Wörtherseearchitektur prägen. Es gibt in Pörtschach 2 freie Zugänge zum Wörthersee in Form öffentlicher Strände.

Maria Wörth hat rund 1.500 Einwohner und liegt auf einer Halbinsel am südlichen Ufer des Wörthersees. Auf dem höchsten Punkt der Halbinsel steht die berühmte Kirchenanlage von Maria Wörth mit der Pfarrkirche Hll. Primus und Felician und der

Winterkirche. Der Pfarrkirche verdankt der Ort seinen Namen. Im Unterdellach, was zwar außerhalb des Ortes Maria Wörth liegt, aber noch zur Gemeinde gehört, finden Golfer einen Golfplatz direkt am Ufer des Wörthersees. Etwa 400 Meter oberhalb von Maria Wörth erhebt sich der Pyramidenkogel. Hier erwartet Sie ein Aussichtsturm der Superlative.

Der Aussichtsturm, der nach dem Berg benannt ist, auf dem er steht – also Pyramidenkogel – ist mit 100 Metern der höchste, aus Holz gebaute Aussichtsturm der ganzen Welt. Er wurde im Jahr 2013 neu gebaut. Er hat 3 Aussichtsplattformen auf einer Höhe von 64 bis 71 Metern. Auf die Aussichtsplattformen gelangt man entweder bequem mit dem Panoramalift oder über 441 Treppenstufen. Herunter kann man alternativ auch aus 52 Metern mit der höchsten geschlossenen Gebäuderutsche Europas in das Erdgeschoss gelangen. Es werden Rutschgeschwindigkeiten von bis zu 25 km/h erreicht. Die Aussicht vom Pyramidenkogel reicht bis zu den Karawanken im Süden und bis zu den Hohen Tauern im Nordosten. Natürlich kann man auch den kompletten Wörthersee und einige andere Kärntner Gewässer überblicken.

Nun komme ich noch zu Kärntens Hauptstadt Klagenfurt, die mit rund 100.000 Einwohnern am östlichen

Ufer des Wörthersees liegt. Wie bereits erwähnt, verfügt Klagenfurt über eines der größten Binnenseestrandbäder Europas mit einer Liegefläche von 5.000 Quadratmetern. Wenn Sie mit kleinen Kindern reisen, sollten Sie unbedingt mal in den Europapark gehen. In diesem 22 Hektar großen Naherholungsgebiet befindet sich der größte Kinderspielplatz Kärntens. Das Planetarium Klagenfurt als multimediale Unterhaltungs-, Kultur- und Bildungseinrichtung bietet seinen Besuchern „himmlische Einsichten".

Optische Präzisionsgeräte und Effektprojektoren erzeugen einen künstlichen Sternenhimmel. Ein ausgefeiltes Soundsystem begleitet die Darstellungen. Direkt neben dem Planetarium befindet sich das Minimundus – die kleine Welt am Wörthersee. Hier sind 159 berühmte Bauwerke aus 40 Ländern der Welt im Maßstab 1:25 nachgebaut. Nur hier kann man beispielsweise den Big Ben aus London, den Tadsch Mahal aus Agra, den CN-Tower aus Toronto, den Petersdom aus Rom, die Freiheitsstatue aus New York, das Schloss Neuschwanstein aus Füssen und den Moskauer Kreml an nur einem einzigen Tag sehen.

Herstellung und Verlag:
BoD – Books on Demand, Norderstedt
ISBN: 9783754307175

1. Auflage
Kontakt: Psiana eCom UG/ Berumer Str. 44/ 26844 Jemgum
Covergestaltung: Fenna Larsson
Coverfoto: depositphotos.com